Schließlich kamen Diana die Tränen

Peter Lückemeier

Schließlich kamen Diana die Tränen

Neues aus den Niederungen des europäischen Hochadels

Illustriert von Dermot Hyde

Eichborn.

Die Deutsche Bibliothek – CIP-Einheitsaufnahme

Lückemeier, Peter:
Schliesslich kamen Diana die Tränen : Neues aus den Niederungen des europäischen Hochadels / Peter Lückemeier. – Frankfurt am Main : Eichborn, 1995
ISBN 3-8218-2308-9

Umschlaggestaltung: Rüdiger Morgenweck unter Verwendung einer Zeichnung von Dermot Hyde.
Satz: Fuldaer Verlagsanstalt GmbH, Fulda
Druck und Bindung: Wiener Verlag, Himberg
ISBN 3-8218-2308-9
Verlagsverzeichnis schickt gern:
Eichborn Verlag, Kaiserstraße 66, D-60329 Frankfurt

Inhalt

Vorwort

Die blonde Diana, Diana Windsor, Lord Spencers Tochter, sie war's, an die ich mein Herz verlor, als ich 42 Jahre alt war. Wie geschah das?

Ich hatte sie tausendmal abgebildet gesehen. An einem Abend jedoch, ich saß im Wartezimmer meines Zahnarztes, sah ich ihr Foto auf dem Titel von *frau aktuell*, sah, wie sie auf eine gewisse übermütige Art lachend den Kopf auf die Seite gelegt hatte, sah ihre strahlend blauen Augen, die wie Saphire funkelten, stellte mir vor, wie sie ein Wort, ein gleichgültiges Wort, auf eine gewisse Art betonte, wobei ein warmes Klingen in ihrer ziemlich hohen Stimme war, und ein Entzücken ergriff mein Herz, weit stärker als jenes, das ich früher zuweilen empfunden hatte, wenn ich Bilder von Soraya betrachtete, damals in den fünfziger Jahren, als ich noch ein kleiner, dummer Junge war.

Seither lese ich jene Zeitschriften, die so klangvolle Titel haben wie *Echo der Frau* oder so sachliche wie *frau aktuell* oder so verheißungsvolle wie *Neue Welt*. Die meisten haben immer ein Bild von Diana auf der ersten Seite. Und jede eine ganz andere Schlagzeile. Mal ist Diana glücklich, mal zum Sterben verzweifelt, mal läßt sie sich gerade scheiden, mal hat sie einen Neuen, mal geht sie zurück zu ihrem Mann. Manchmal kommen auch Charles und Andrew vor, Prinz Philip, Präsident Clinton, König Carl Gustaf oder Königin Beatrix. Auch das sind interessante Menschen.

Seit jenem Erlebnis im Wartezimmer des Zahnarztes lese ich die Herzblätter und fasse das Heftigste jede Woche zusammen in einer Rubrik in der *Frankfurter Allgemeinen Sonntagszeitung,* der besten aller Sonntagszeitungen. Häufig widersprechen sich die Meldungen. Aber davon darf man sich nicht verwirren lassen.

Und das Allerwichtigste steht nun in den folgenden Kapiteln.

I

Warum es in London auch nicht anders zugeht

Meinen Sie London, zum Beispiel, sei eine tiefere Stadt, wo man Wunder und Weihen immer als Inhalt hat?
Nein, auch London zum Beispiel ist ein gewöhnlicher Ort, wo es zugeht wie überall auf der Welt, selbst im Buckingham-Palast.
Hier zum Beispiel, wir lernen es aus *frau aktuell*, sitzen eines Tages die noch jung verheiratete Diana, ihr Gatte Charles und ihr Schwager Andrew zusammen, also zwei Prinzen und eine Prinzessin. Man würde denken, sie tränken Tee, sprächen über Polo oder den Niedergang des Commonwealth. Doch was geschieht statt dessen? Char-

les und Andrew, die Brüder, machen sich über die Gattin und Schwägerin lustig, indem sie Dianas ziemlich hohe Stimme nachäffen.
Sie aber, die Tochter Lord Spencers, die Frau des Thronfolgers, die, wie es damals noch aussah, künftige Königin, macht gute Miene zum bösen Spiel und lacht. Doch ihre verspottete Seele weint.

Dies liegt lange zurück. Verwerfungen, böser Streit und Zerrüttung liegen hinter der Ehe des Thronfolgers und seiner einstigen Märchenprinzessin.

Und Jahre später wird *die zwei* jene Geschichte wieder aufgreifen und voll Wehmut resümieren: »Er hat einst ihre zarte Mädchenstimme gerne gehört. Sie hat in Charles ein Beschützergefühl ausgelöst - wie man es für kleine Mädchen empfindet. Jetzt kann er diese Stimme nicht mehr ertragen.« Wie ist das zu erklären? Wie kam es später zu »Rufmord, Intrigen, Grausamkeit«? Auch in der Beantwortung dieser kniffligen Frage leistet *die zwei* erstaunlich Analytisches: »Der Haß, mit dem Charles Diana verfolgt, verrät ihn auch gleichzeitig. Verrät seine geheimsten Gefühle. Er kommt nicht von ihr los. Denn Haß hat auch immer etwas mit Liebe zu tun. Man kann keinen Menschen hassen, der einem gleichgültig ist.«

Vor diesem Hintergrund aus Entfremdung, Verwirrung und Haß heiratet eines Tages Lady Sarah, die Tochter von Lord Snowdon und Prinzessin Margaret, einen Bürgerlichen namens Daniel Chatto. Und wie in einem Brennspiegel verdichtet sich die komplizierte Seelendramaturgie zu einem Moment dramatischster Zuspitzung.

Recht eigentlich spielt das junge Brautpaar in der folgenden Schilderung nur eine untergeordnete Rolle, denn worauf sich aller Augenmerk richtet, sind Charles und Diana, das zerstrittene, tragisch verstrickte Paar, das sich in diesem Moment zum ersten Mal begegnet, seit der Prinz von Wales im Fernsehen seine Untreue öffentlich zugegeben hat. Und so trägt sich alles zu:

Unstrittig, daß Charles und Diana getrennt zur Kirche kommen, sie allein, er mit seiner Oma, der sogenannten

Queen Mom. Danach aber weichen Darstellung und Interpretation weit voneinander ab. *Frau im Spiegel*: »Queen Mom rettete die Situation. Sie nahm zwischen den beiden verfeindeten Eheleuten Platz und tat, der Braut zulächelnd, als sei alles in Ordnung. Charles und Diana würdigten sich keines Blickes. Man hätte von Charles wenigstens ein Kopfnicken zur Begrüßung erwartet. Aber nichts dergleichen. Er war vermutlich in Gedanken bei seiner Geliebten, die in derselben Stunde am Sterbebett ihrer Mutter saß.« *das neue* hat allerdings schärfer hingesehen als *Frau im Spiegel* und merkt: »Er blickte während des Zeremoniells mehrmals zu Diana hinüber, nachdenklich, spürbar bedrückt.«

Ja, du liebe Güte, wie soll er sich anders gefühlt haben als bedrückt angesichts zweier junger Menschen, die nun genauso hoffnungsvoll wie er und seine hübsche junge Braut damals in das große Lebensabenteuer der Ehe aufbrachen? Schmerzhaft muß ihn das Gefühl des Versagens angekommen sein, des Hoffnungslosen, die Einsicht in das immerwährende Nicht-Mehr. Und sie, Diana, die so reizend aussah mit ihrer hohen, schlanken Gestalt, in ihrem dunkelblauen Kleid mit dem weißen, keuschen Kragen, wie muß ihr Herz gelitten haben! Neben ihm auf einer Kirchenbank, aber durch Mauern der Ablehnung, des Mißverständnisses und des Unbehagens getrennt, dazu gedemütigt vor dem ganzen Königreich und der halben Welt durch das Eingeständnis, er, Charles, habe eine andere, Ältere, längst nicht so Schöne ihr vorgezogen. Hier der Aufbruch, der Herzensglanz! Dort Tränen, Leid und Betrübnis!

Was lag nicht alles hinter diesen beiden, ehe es zu diesem Zusammentreffen kam. Wir wollen nicht als rechthaberisch erscheinen, aber wir wußten es, ehrlich gesagt, gleich von Anfang an und haben dafür zwei glasklare Belege.

Beim ersten handelt es sich um einen Auszug aus jenem Fernsehinterview, das Charles und Diana vor ihrer Ehe dem englischen Fernsehen gewährten – sie war damals eine junge Frau, gutherzig, verliebt und unbedarft wirkend, er ein Mann, der trotz seiner Segelohren und mancher Unsicherheit neben diesem Backfisch wirkte wie ein auf- und abgeklärter Kenner des Lebens, wie einer, dem man durchaus gewisse Verfeinerungen auch des erotischen Geschmacks zutraute. Und dieser unsouveräne Souverän sprach, in einem Nebensatz freilich nur, aber eben deshalb um so verräterischer, von der Liebe und sagte so nebenher »whatever that is«. Das war der Beweis! Denn man fragt sich nicht und schon gar nicht öffentlich, was die Liebe eigentlich sei, wenn man vorhat, in den lebenslangen Stand der Ehe zu treten.

Zweitens sind wir im Besitz eines Videobands, des Mitschnitts eines Rock-Konzerts. Dort spielen unter anderen Paul McCartney, Elton John, Sting, Tina Turner und Mark Knopfler. Anlaß ist das zehnjährige Bestehen des »Prince's Trust«, einer von Charles ins Leben gerufenen Einrichtung für arbeitslose Jugendliche. Die Stimmung ist toll, die Arena tobt. Da kommt irgendwann nach vielleicht anderthalb Stunden jene sekundenkurze Szene einer Ehe, die dem aufmerksamen Beobachter ohne Worte blitzartig klarmacht, daß da im Publikum zwei Menschen nebeneinander stehen, die eigentlich nicht zusammengehören: Gerade hämmert Elton John aus ganz engen Armen auf sein Piano ein, Mark Knopfler rast über die Bühne, Tina Turner hüpft im Mini-Rock umher, das Publikum wogt wie ein Meer.

Da kommen Charles und seine Frau ins Bild. Diana wiegt sich im Takte der Musik, sie klatscht rhythmisch mit, ihre Augen strahlen. Ihr Mann aber steht neben ihr, schenkt ihr die Beachtung, die er auch für einen Laternenmast aufbringen könnte, sein Gesicht ist unbewegt, er stützt die Hände in die Hüften. Die Grundverschiedenheit jener beiden Menschen, ihre seelische und charakterliche Inkompatibilität wird hier so überdeutlich, daß man sich fragen muß, warum sie überhaupt noch ihre Ehe fortsetzten und ausgerechnet gemeinsam zu einem Rock-Konzert gehen mußten.

II

Fergie im Personen-Nahverkehr

Dramen dokumentieren sich manchmal höchst undramatisch. Es waren wenige karge Worte, mit denen im März 1992 der Buckingham-Palast den Anfang vom Ende der Ehe von Prinz Andrew und Herzogin Sarah, geborene Fergie, bekanntgab, so herrlich bürokratisch und royalistisch zurückhaltend, daß wir sie hier, zitiert aus *The Times*, im Original wiedergeben wollen: »Last week, Lawyers acting for the Duchess of York initiated discussions about a formal separation for the Duke and Duchess. These discussions are not yet complete, and nothing more will be said until they are.«

Wenig später sagte Charles Anson, Pressesprecher der Queen, aber doch etwas, ja, er fuhr scharfes Geschütz auf: Fergie sei für ein öffentliches Leben »ungeeignet«.

Das mochte wohl stimmen. Zu laut, zu gewöhnlich, zu dick und zu geldgierig – so lauteten die Vorwürfe gegen die lebenslustige Fergie. Hatte die exaltierte Liederlichkeit der Herzogin nach anfänglicher Begeisterung über den frischen Wind, den sie ins steife Haus Windsor blies, nicht allseits stärkeres Befremden ausgelöst? Hatte sie nicht in einem Anflug von verzweifelter Albernheit oder alberner Verzweiflung Mitreisende in einem Flugzeug mit Zuckerstücken beworfen? Und hatte sie nicht durch die Fotos von ihrem gleichsam öffentlichen Personen-Nahverkehr mit John Bryan – sie im Bikini niedergestreckt und er an ihren Zehen nuckelnd – ihren Ehemann vor den

Augen der Weltöffentlichkeit der Lächerlichkeit preisgegeben?

Seither spekuliert die Herzpresse, ob es für die beiden, die sich – Fotos beweisen es – wohl irgendwie noch zugetan sind, noch eine zweite Chance gibt. Dabei schrecken die Blätter auch vor Tatarenmeldungen nicht zurück. Im März 1993 wußte *Echo der Frau*: »Sarah erwartet ihr drittes Baby.« Drei Monate später verkündete *Frau mit Herz* das gleiche. Wohl war es richtig, daß Sarah Herzogin von York enorm zunahm, aber das hatte andere Gründe. *Bild* begründete ihr stolzes Gewicht von 87 Kilo mit Liebeskummer: »Ihr einziger Trost ist der Kühlschrank.« Wenn wir den *Bild*-Text richtig verstanden haben, schlagen, ach, drei Herzen in Fergies Brust. Erstens liebt sie Andrew immer noch. Zweitens will sie sich auf keinen Fall mehr der Kommando-Ebene der Windsors unterordnen. Drittens liebäugelt sie für den Fall einer Scheidung mit einer Abfindung von 4,5 Millionen Mark (*Bild*) oder 17,5 (*das neue*) oder gar 60 (*Freizeit Revue*).

Bis dahin kämpft sie aber erst mal gegen ihr Tunichtgut-Image, fährt in humanitärer Mission ins ehemalige Jugoslawien (*Echo der Frau*), doch bleibt sie dort (*Neue Welt*) hinter den Linien der Vereinten Nationen, schickt ihr Kindermädchen an die Front, von wo aus die Ärmste mit einem Funktelefon die Herzogin über die Zustände informieren muß, damit Fergie auf einer Pressekonferenz schockiert darüber berichten kann.

Was nun aber die Aussichten angeht, daß Andrew und Sarah je wieder zueinanderfinden, so bleibt die Nachrichtenlage unklar und unentschieden. Auch wenn *Das Goldene Blatt* jubelt: »Sieg der Kinder. Sarah und Andrew versöhnt!«, so müssen wir doch andererseits in Rechnung stellen, was laut *Neue Welt* Fergie selbst zu dieser Angelegenheit vorbringt. »Trotz und Verbitterung« sollen aus ihren Worten geklungen haben: »Ich brauche den Prinzen nicht! Ich verdiene mein eigenes Geld und fühle mich sehr wohl als alleinstehende Frau.«

Und dennoch wollen wir die Hoffnung auf ein gutes Ende nicht ganz aufgeben und noch einen Blick in *die zwei* werfen. Nachdem es zu einer fotografisch festgehaltenen Begegnung der Familie York gekommen war, wobei »Andrew seiner Frau kräftig in den Hintern kniff und sie vor lauter Freude laut aufschrie«, hat Königin Elizabeth »die fröhlichen Bilder von ihrem Sohn Andrew und seiner Familie am nächsten Tag in den Zeitungen gesehen. Sie nahm ihre Lesebrille ab, klopfte mit dem Mittelfinger auf den Tisch und sagte: ›Ich denke, es wird doch alles wieder gut.‹ Ihre beiden Hofdamen,

die anwesend waren, atmeten erleichtert auf und sagten einstimmig: ›Das meinen wir auch, Majestät.‹«
Wir atmen mit.

III

Die lüsterne Prinzessin und andere Sorgenkinder

Ha! Endlich! Jahrzehntelang wurde uns Norwegens Königshaus als Saubermann-Dynastie verkauft. Als damals König Harald in seinem schlichten Anorak die Olympischen Winterspiele in Lillehammer eröffnete, da dachten wir doch alle: Was für ein sympathischer Mann, wie nett und bescheiden, keiner mit Stern und Schulterband. Und auch seine Frau und die Kinder: so natürlich, patent und erdenfest! Prinzessin Märtha Louise zum Beispiel, ein bißchen dick, aber so frisch wie der Frühtau auf den Lofoten. Außerdem will sie Physiotherapeutin werden.

Ebenjene Königstochter Märtha Louise – quadratisch, praktisch, gut – ist es, die nach übereinstimmenden Berichten von *Bild*, *dpa*, *Münchener Abendzeitung* und *Freizeit Revue* ihr Königshaus in Verruf bringt. Märtha Louise soll sich in den englischen Reitlehrer Philip Morris (40) verliebt haben, soll ihn laut *Freizeit Revue* bei einer Neujahrsfeier in einem britischen Landhaus, welch Flattersinn, in aller Öffentlichkeit geküßt haben. Die Gattin des Reitlehrers soll die Scheidung eingereicht, die norwegische Prinzessin als »Göre« beschimpft und auch noch »handfeste Beweise« in der Hand haben. Nicht ohne Spott kommentiert die *Abendzeitung*: »Die Frau eines britischen Reitlehrers meint, die ledige 23jährige habe den Körper ihres Gatten in einer Art und Weise behandelt, die dem Berufsbild des Physiotherapeuten nicht entspreche.« Und *die zwei* heult nicht nur auf: »Königin Sonjas Mutterherz blutet«, sondern erteilt allen hochfliegenden Mütterträumen den finalen Klatschblätterstoß: Märtha Louise »kann jetzt nicht mehr Königin in einem europäischen Land werden«. Na, vielleicht klappt's ja noch mal in Afrika.

Sorgen um ihren Nachwuchs macht sich auch Königin Beatrix der Niederlande, die ja wegen ihres kranken Mannes Prinz Claus wahrlich Kummer genug hat. Sehr, sehr einfühlsam hat einmal *die aktuelle* Beatrixens Seelenzustand beschrieben. Das war, als sie als Gast an der Silberhochzeit von König Harald und Königin Sonja teilnahm:

»Sie ließ oft den Kopf hängen. Wenn Einsamkeit und Verzweiflung übermächtig wurden. Wenn sie das Glück der anderen sah. Wenn sie die Liebe spürte, die im Ballsaal des Osloer Schlosses mittanzte. Dann funkelten Tränen in den Augen von Königin

Beatrix der Niederlande. Die Zeit, in der sie sich noch an die starke Schulter ihres Mannes Claus anlehnen konnte – für immer vorbei.«
Ja, diese tapfere Frau hat es in der Tat nicht leicht: Ihr Mann krank, ihr Vater Prinz Bernhard ein mit allen Duftwassern gewaschener Phallodri mit unehelicher Tochter von einer Geliebten, die bezeichnenderweise auch noch »Pussy« heißt, sie selbst gequält von »ständigem Durst, Juckreiz, Müdigkeit und Schwindel« (*7 Tage*).

Und dann ihr Sohn Willem-Alexander, dieser Hundertsassa! Auf seine unernste und unbewußte Weise ist er ein echter Repräsentant eines rohen Volkes, das Pommes frites stets mit dicker Mayonnaise vertilgt, seine schönsten Ressourcen als »Meisjes« bezeichnet und eine Käsesorte mit dem albernen Namen »Pikantje« belegt. Pikantje! Wieviel hölzern-frivole Lustbefriedigung allein in jenem Wort hoch-

dämmert. Prinz Willem-Alexander, dieser von *frau aktuell* euphemistisch als »blonder Hüne« bezeichnete Fettklops, scheint unter dramatischen Appetit-Schüben zu leiden. *frau aktuell*: »An Frikadellen, Pommes frites oder Eis kann er einfach nicht vorbeigehen! Willem-Alexander (26) ißt ständig. Ob morgens, mittags oder abends sieht man den holländischen Kronprinz mit irgend etwas Eßbarem.«

Einmal hat Beatrix laut *Das Neue Blatt* zu ihm gesagt: »Treib endlich wieder Sport und halte Diät, sonst siehst du bald aus wie ein Schweinchen.« Wir aber fragen, Frau Königin, was meinen Sie mit »bald«? In diesem schwierigen Fall hilft nur die Zwangseinweisung in eine Diätklinik!

Und dringend ein Vorbereitungskurs auf die künftige Königswürde. Denn *7 Tage* hat bereits angedeutet, daß Königin Beatrix bald abdanken wolle, um sich um ihren kranken Mann zu kümmern, mit dem sie seit fast dreißig Jahren verheiratet ist. Wie aber würden die Niederländer einen solchen Schritt und vor allem dessen Konsequenzen beurteilen? Sie »hegen zwiespältige Gefühle«, blickt *7 Tage* tief in die holländische Volksseele: Einerseits sind sie gerührt von diesem großen Liebesbeweis der Königin. Andererseits halten sie Willem noch nicht für reif genug, um dieses schwere Amt zu übernehmen.«

Diese Ansicht teilen wir nachdrücklich. Der dicke Prinz hat es bislang eigentlich nur zu einer gewissen Meisterschaft darin gebracht, mit der geballten Kraft seines Royal Flesh Pommes mit Mayonnaise essend und dabei Pilsjes trinkend fülligen Meisjes zuzuprosten. Überdies fließt in seinen Adern nicht nur das Blut seines Großvaters Bernhard (*ein* uneheliches Kind), sondern auch seines Urgroßvaters Heinrich (*drei* uneheliche Kinder). Wir werden sehen, wie es weitergeht im Königreich der Niederlande, aber Gutes ahnen wir nicht.

Ja, wer Kinder hat, dem fehlt es nicht an Sorgen. Juan Carlos' von Spaniens Tochter Elena scheint – manchmal ist die Natur grausam – von beiden Elternteilen das äußerlich Ungünstigste ins Erbgut gelegt bekommen zu haben. Sie wirkt unfrei, verdruckst, unvorteilhaft, übellaunig aus Unsicherheit. Im spanischen Fernsehen wurde sie als »alte Jungfer« bezeichnet, und *7 Tage* ging so weit, von »bösen Zungen« zu berichten, die behauptet hätten, das spanische Königshaus wolle ihr einen Ehemann kaufen, einen Grafen mit dem klangvollen Namen Jaime de Marichalar.

Das aber ging Köng Juan Carlos zu weit. »Dem sonst so charmanten Monarchen«, schreibt *7 Tage*, »platzte der Kragen. Der König griff zu einem ungewöhnlichen Mittel; er hielt eine wütende TV-Ansprache, in der er seine Tochter gegen solche Beleidigungen verteidigte.« Und das Blatt fragt weiter: »Wie muß ein solcher Vater fühlen? Und was empfindet seine Tochter bei all dem?«
Das fragen wir uns auch. König zu sein ist manchmal wirklich nicht leicht. Aber Königskind auch.

Allerdings hat das Schicksal es mit Prinzessin Elena noch einmal gut gemeint. Ende 1994 gab der Palast ihre Verlobung mit ebenjenem Don Jaime bekannt. Häßliche Gerüchte über angebliche königliche Anschubfinanzierungen dieser Vereinigung wurden in den Herzblättern nicht wiederholt, allerdings erzählte der Graf laut *die zwei* eine seltsame Geschichte über den Beginn dieser Beziehung. Demnach wußte Don Jaime, als er 1987 Kontakt zu Elena aufnahm, nicht, wer sie war, tanzte die ganze Nacht mir ihr und lud sie für den nächsten Tag zum Mittagessen ein. »Sie kam nicht, aber ein Sekretär ließ mir ausrichten, daß Ihre Königliche Hoheit mich gern zum Abendessen sehen würde. Ich war entsetzt. Aber die Gefühle für Elena waren stärker als meine Ängste.«

Diese Schilderung läßt eigentlich nur zwei Deutungen zu: Entweder ist sie erlogen oder aber beim Grafen fährt der Aufzug nicht bis ins oberste Stockwerk, denn als spanischer Adliger nicht die Tochter des Königs zu kennen, setzt schon ein hohes Maß an Blödigkeit voraus.

Wenn man als Königskinder aber Willie und Harry heißt, Rang zwei und drei der britischen Thronfolge einnimmt, die Eltern sich überworfen haben und jeden Tag eine unangenehme Geschichte über Mom und Dad in der Knallpresse steht, dann sind die psychischen Konstitutionen der kleinen Prinzen schon heute auf Neurosen programmiert. Diese beiden, die, wenn sie bei der Mama sind, Jeans und T-Shirt tragen dürfen und auf Besuch bei Papa die Krawatte anlegen müssen, sie sind schon jetzt in ihren kleinen Seelen so geschädigt (Harry macht Pipi ins Bett, sagt *Echo der Frau*), daß sie als Erwachsene sicherlich viel Chaotisches zu bieten haben werden. Womit sie sicherstellen: Die Windsor-Soap-Opera geht weiter.

IV

Schließlich kamen Diana die Tränen

Wir wissen es nicht. Wir können nicht mit Bestimmtheit behaupten, es habe sich so und nicht anders zugetragen. Aber die Lebenserfahrung lehrt uns doch, daß zumindest die Wahrscheinlichkeit groß sei, es handele sich um eine authentische Momentaufnahme aus dem Eheleben der jüngeren Windsors.

Es geht um einen Streit zwischen Charles und Diana, angeblich geführt im November 1992, mutmaßlich abgehört vom britischen Geheimdienst, auf ungewisse Weise in die Spalten der *Sun* gelangt, nachgedruckt im Mai 1993 von *Bild*. Ein Auszug:

Diana: Hör doch endlich auf, so egoistisch zu sein. Du denkst immer noch, ich sei die Person, die du geheiratet hast.

Charles: Das habe ich mir schon vor langer Zeit abgeschminkt.

Diana: Tja, mein Liebling, das ist dann wohl ein guter Beweis dafür, warum wir uns auseinandergelebt haben.

Charles: Kann ich auch nur ein richtiges Wort sagen?

Diana: Sag etwas, was ich hören möchte.

Charles: Ich haue ab.

Diana: Sei doch nicht so kindisch.

Charles: Lieber Gott.

Diana: Mußt du immer weglaufen, wenn's für dich unangenehm wird?

Charles: Ich laufe nicht weg. Ich bin doch nicht so wie du. Ich will unser Problem wie ein Erwachsener besprechen.

Diana: Ich auch. Ich will nur, daß wir es heute tun und nicht später. Ich bin doch keine Figur aus einer Seifenoper.

Charles: Ich geh' ins Bett.

Wie gesagt: Wir wissen nicht, ob dieses kleine, banale Streitgespräch wirklich geführt wurde. Aber wenn es eine Fälschung sein sollte, ist sie gut gemacht. Denn in der Sprunghaftigkeit der Gedankenführung, in der Bereitschaft zum Mißverständnis, zum Schmollen und zum Fortlaufen unterscheidet sich dieser eheliche Disput von keinem anderen und scheint deshalb um so lebensechter.

Verweilen wir noch eine Minute auf einem Schlüsselsatz dieser fahrigen und gereizten Konversation: »Du denkst immer noch, ich sei die Person, die du geheiratet hast.«
Denkt Charles dies tatsächlich? Wer war jene Person, die er am 29. 7. 1981 zum Altar führte? Und inwiefern hat sie sich geändert?

Diana Spencer, Lord Spencers Tochter, Kind aus einer geschiedenen Ehe, wie übrigens auch Sarah Herzogin von York, geborene Fergie, betrat die öffentliche Bühne als scheues, liebenswertes und hinreichend hübsches Menschenkind, halb Aschenputtel, halb schon Schneewittchen. Anthony

Holden hat den Wandel ihres Images in seinem auch sonst lesenswerten Buch »Der schwankende Thron« beschrieben: Sie spielte zunächst eine Stummfilmrolle, mauserte sich aber bald zum Star, des Wohlwollens und Beifalls gewiß, wo immer sie auftrat. Als die Ehe kriselte, als häßliche Bücher veröffentlicht wurden, in denen von angeblicher Bulimie, von Selbst-

mordversuchen gar die Rede war, schwankte die Welt in ihrem Urteil: Hatte dieses elfenhafte Wesen, das dem Throne immerhin zwei Erben geboren hatte, nicht auch eine gehörige Portion Hysterie in ihrem Blut? Dann, als Charles' Untreue immer offenkundiger wurde, nahm sie die Rolle der mater dolorosa ein, die auf dem Höhepunkt der häuslichen Krise von Gunstbezeugungen der Briten sich öffentlich zu Tränen rühren ließ. Und heute?

Heute ist sie eine selbstbewußte und schöne junge Frau mit einer Körpergröße von 1,79 Meter und den sehr beachtlichen Maßen 91, 68, 86 (*das neue*), eine Mutter, die ihre Kinder zu selten sieht, eine Gattin, die doch keine ist, die ihre öffentliche Rolle als eines der populärsten Mitglieder des Königsreiches nur noch halbherzig spielen darf oder will, dabei dennoch die Herzen bewegt, die sich nicht verlieben darf, obwohl doch die halbe Welt in sie vernarrt ist, verwöhnt und verhöhnt: eine Königin des Dilemmas.

Auch scheint sie Schwierigkeiten zu haben, ihrem Tagesablauf einen Sinn zu geben. Sie ist, nach Darstellung von *Freizeit Revue*, »aus Langeweile in einen Kaufrausch verfallen«. Auch sonst sei ihr Leben öde: essen, einkaufen, Fußzonenreflexmassage, Aromatherapie. Außerdem soll sie Liebesromane von Danielle Steele kaufen. Das muß man sich mal vorstellen: Die einstige Märchenprinzessin, noch heute Schwarm unzähliger Männer, tröstet sich mit Herzenskitsch. »Die Abende«, weiß *Freizeit Revue*, »sind ihre einsamste Zeit. Sie hockt vor dem Fernseher, guckt Seifenopern. Um 11 Uhr geht in ihrem Schlafzimmer das Licht aus. So ein Leben hat sie wirklich nicht verdient.«

Aber was könnte sie verdienen! Neben allem ist Diana, das wird häufig übersehen, nämlich auch ein Superstar, bekannter als Michael Jackson, Claudia Schiffer, Roman Herzog und Madonna zusammen. Vor allem wäre sie ein idealer internationaler Werbeträger: Wenn sie im Fernsehen der Queen eine Jacobs-Krönung hinfiltern würde – der Umsatz jener Kaffeemarke würde ins Himmelhohe steigen.

Keinesfalls aber ist Diana, wie sie selbst es im oben beschriebenen Streit hellsichtig formuliert hat, noch jene Person, die Charles einst geheiratet hat. Und er hätte gut daran getan, sie besser zu behandeln. Wie unangenehm es zwischen den beiden zugegangen sein muß, beweist eine winzige, aber doch um so bezeichnendere Episode, überliefert von *Frau im Spiegel*: Als einmal Charles' Hund »das Bein am Lieblingsauto des Königssohnes hob, lächelte Charles milde. Als es aber Diana einmal wagte, sich auf die warme Motorhaube zu setzen, verjagte Charles seine Frau wie eine streunende Katze und polierte sofort die Stelle, an der Diana gesessen hatte.«

Symptomatischer für den Grad der Zerrüttung können solche Szenen einer Ehe nicht sein. Und wir wollen an dieser Stelle, ehe wir uns später ausführlicher mit Camilla Parker-Bowles befassen, an jene seelische Grausamkeit erinnern, die Charles an den Tag legte, als Diana alles herausfand. Keinen Menschen mit etwas höherer Herzensbildung kann die folgende Schilderung kaltlassen. Laut *Bild* trug es sich so zu:

»Eines Tages wollte Di Gewißheit haben. Sie fuhr morgens kurz vor 8.30 Uhr nach Schloß Highgrove. Sie stürmte ins Schloß. Charles saß beim Frühstück.« Da stellte ihm Diana eine jener Fragen, die Frauen auch dann vorbringen, wenn sie die Antwort lieber nicht hören wollen: »War Camilla da?« Und Charles Philip Arthur George, 21. Prinz von Wales, hat laut *Bild* geantwortet: »Warum willst du das wissen?«

Nun wird jedermann nachempfinden, daß sich der Thronfolger in einer schwierigen, ja einer entsetzlich heiklen Situation befand, in der auch Menschen mit weniger blauem Blut am liebsten in den Erdboden versänken. Aber diese Reaktion war nun wirklich gar zu töricht und schäbig. »Ja«, hätte er nach unserer Überzeugung sagen sollen. Er hätte es tapfer und aufrecht tun sollen, wie ein Mann, der zu dem steht, was er tat, auch wenn es im höchsten Maße unerlaubt war.

Statt dessen hat er *Bild* zufolge, nachdem Diana ins Schlafzimmer gestürzt war, des nicht gemachten Bettes ansichtig, und sie feststellen mußte, »daß in dieser Nacht zwei Menschen darin geschlafen hatten«, und sie ihn, wütend zurückgerast, abermals zur Rede stellte – wieder nur geschwiegen. »In diesem Moment war sich Diana sicher: Er betrügt mich! Einer Freundin schilderte sie die nächsten Augenblicke. Ich forderte Charles heraus! Er sagte immer noch kein Wort. Ich stellte mich vor ihn und schrie ihn an: ›Du Mistkerl!‹ Schließlich kamen mir die Tränen. Ich wußte nicht mehr, was ich tun

sollte. Ich dachte, mein Leben ist vorüber.«

Ja, eine gewisse Herzenskälte ist Charles mehrfach nachgesagt worden. Einmal, als Diana sich übergeben mußte, soll er – nicht ohne Witz, aber eben auch zynisch – geäußert haben: »Was für eine Verschwendung.« Und Andrew Morton berichtet in seinem Buch »Diana – Ihr neues Leben«, der Thronfolger habe, als einer der Gäste bei einer Dinnerparty jammerte, er würde gerne seine ihm fremd gewordene Frau zurückgewinnen, eingeworfen: »Nun, ich nicht«. Auch habe er bei ähnlichem Anlaß im Beisein seiner Gattin »unbeschwert eine Diskussion über den Wert von Geliebten« angefangen, was in Diana »kochende Wut« ausgelöst habe.

Wie elend aber muß sie sich gefühlt haben, als im Herbst 1994 das Buch »Princess in Love« herauskam, in dem

Major James Hewitt (natürlich ein Reitlehrer) seine angebliche oder tatsächliche Affäre mit Diana schildern ließ. Statt zu genießen und zu schweigen, wie es sich für einen Gentleman gehört hätte, statt dankbar zu sein, daß er einer der schönsten und populärsten Frauen der Welt nahe sein darf, begeht er um des schnöden Mammons willen (von sieben Millionen Mark war die Rede) ordinären, gemeinen, widerwärtigen Verrat!

Andererseits ist es doch irgendwie interessant, »shy Di« mal von ihrer anderen Seite kennenzulernen. Die *Bild*-Zeitung zitiert aus dem Buch: »Mit der Leichtigkeit einer Tänzerin erhob sie sich, ging zu ihm hinüber und ließ sich von der Seite auf seinen Schoß gleiten. Er küßte sie zärtlich, romantisch. Di erhob sich, streckte ihre Hand aus und führte James wortlos in ihr Schlafzimmer.«

Die englischen Zeitungen haben laut *Bild* bereits eine passende Bezeichnung für Hewitt gefunden, nämlich »Ratte«. Dazu sagen wir nichts, denn man soll ja nie Menschen mit Tieren vergleichen, aber unser Schweigen ist wohlwollend.

Doch keine Tat auf Erden kann grausam und abstoßend genug sein, daß sich nicht irgendwer auch daran freuen würde. So ergötzt sich nach *Bunte* Camilla Parker-Bowles über die Judas-Tat. Im Original-*Bunte*-Stammel-Stil: »Haßt Diana, möchte Königin an der Seite von Charles sein. Schürt deshalb jede Intrige gegen Diana. Sehr glücklich über Major Hewitt und sein indiskretes Buch.« Und noch eine weitere Person hat *Bunte* ausgemacht, die sich weidet an Dianas Schmerz, und zwar Charles' ernste Schwester Anne: »Verachtet Diana öffentlich, weil sie diese Nebenbuhlerin in der Volksgunst heimlich beneidet (hat alles, was sie nicht hat – Charme, Schönheit, Geschmack, Männer). Würde bei einer Scheidung von Charles und Di Vorsitzende des Thronrates zur Erziehung der Prinzen William und Harry. Dadurch riesiger Machtzuwachs.«

Und Charles? Wie mag er zu dem angeblichen Ehebruch seiner Frau stehen? Wahrscheinlich ist er hochbefriedigt, daß nun auch ihr in dieser Hinsicht tadelloses Image einen dunklen Flecken hat. Doch konnte solche Schadenfreude nicht lange währen, denn der *Daily Mirror* stellte in einer Umfrage fest, daß trotz des Fehltritts noch immer 75 Prozent der Briten in Treue fest zu ihrer Diana standen. Wir zählen dazu.

V

Eine Lanze für Charles

Der Prinz von Wales ist Mitte vierzig. In diesem Alter, um nur ein paar Beispiele zu nennen, saß seine Mutter schon zwanzig Jahre auf dem Thron, war Carl Gustaf schon achtzehn Jahre lang König von Schweden, Millionen von Managern arbeiteten zielstrebig auf ihren ersten Hörsturz hin und Heino hatte sich längst ein paar Goldene Schallplatten ersungen.

Was aber macht Charles? Er bewegt sich in einer – auch verfassungsmäßig – undefinierten Rolle, steht immer mit einem Bein in der Yellow Press, stümpert sich mit dem Pinsel ein paar Landschaften ab und schwadroniert gelegentlich halbgebildet über Architektur und alternative Medizin, führt eine ebenso gescheiterte Ehe wie private Telefongespräche, deren Wiedergabe gegen den Jugendschutz verstieße, und weiß noch nicht einmal mit letzter Si-

cherheit, ob er eines Tages werden wird, worauf er sich sein Leben lang vorbereitete: König. Sollte seine Mutter versuchen, den 63jährigen Regentschaftsrekord von Queen Victoria zu brechen, wäre er zum Zeitpunkt seiner Thronbesteigung im zarten Pensionsalter von 67 Jahren.

Wo mag der Schlüssel liegen für die tumultuarische und schließlich zerrüttete Ehe des Prinzen? Schlechtes Vorbild der Eltern?
Genetische Anlage zur Untreue, vererbt von seinem Vater? Traumatische Kindheitserfahrungen? Konditionierende Erlebnisse als Jugendlicher? Eine Mischung aus alldem? Der Reihe nach!

Sowohl aus *die aktuelle* wie aus *Das Goldene Blatt* erfahren wir: »Warum Prinz Charles eine 15 Jahre ältere Frau lieben mußte«. *Das Goldene Blatt* stellt die Sache so dar: »Wie herauskam, litt Prinz Charles als 16jähriger unter Potenzproblemen.« Deshalb habe die Queen einer 15 Jahre älteren Hofdame befohlen, Charles Sex-Unterricht zu erteilen und zwar zweimal wöchentlich. Und *die aktuelle* weiß sogar: »Jeweils drei Stunden paukte sie mit ihm das Liebes-Abc.«

Wir halten diese Darstellung, halten zu Gnaden, für ganz und gar unglaubhaft. Hat man je von einem Sechzehnjährigen gehört, der an Potenzschwäche krankte?

Schlechtes Beispiel der Eltern? Dafür spricht einiges. Die Ehe von Elizabeth und Philip war sicherlich nicht immer eitel Sonnenschein. Sie hatte ihre dynastischen Gründe und erfüllte ihren Zweck. Aber wenn aus einer Ehe vier Kinder hervorgehen (Charles, Anne, Andrew, Edward), bei denen einer (Edward) lange Zeit auffällig unverheiratet blieb und beim Theaterspielen mit Vorliebe Frauenrollen einnahm, während drei (Anne, Charles, Andrew) sich von ihren Partnern trennten oder scheiden ließen, so kann doch der

Vorbildcharakter der elterlichen Gemeinschaft zumindest nicht überwältigend gewesen sein.

Die Sache mit den Genen stellen wir zurück, bis wir ausführlicher auf Prinz Philip zu sprechen kommen. Zunächst andeutungsweise nur so viel: Unter der gelungenen Überschrift »Philip und Charles: Das böse Liebesspiel mit ihren sündigen Zweitfrauen« machte das Fachblatt *die zwei* gleichsam eine libidinöse Prädisposition bei Charles aus. Das Blatt enthüllte unter Berufung auf ein neues Buch, daß der Ehemann der Queen 22 Jahre lang ein Verhältnis mit Alexandra von Kent unterhalten habe. Davon später mehr.

Den höchsten Anspruch auf Glaubwürdigkeit hat wohl die Sache mit der Kindheit. Jeder Hobby-Psychologe weiß, daß des Menschen Sein und Wesen sich in früher Kindheit bestimmen; daß Urvertrauen unersetzlich ist;

daß die Wunden, die das Kind verletzten, ein Leben lang schwären. Und deshalb müssen wir an dieser Stelle für Charles um Verständnis werben. Denn eine leichte, freie und unbeschwerte Kindheit ward ihm nicht vergönnt.

Es gibt eine Schlüsselszene, die filmisch und fotografisch dokumentiert ist. Vielfach wurde sie von den Herzblättern erwähnt. Am genauesten beschrieben hat sie Anthony Holden in dessen schon erwähntem kenntnisreichen Buch: »In einer Fotoserie steigt die Königin nach zweimonatiger Abwesenheit aus einem Zug, küßt ihre Mutter, begrüßt ein salbungsvolles Empfangskomitee und rückt dem fünfjährigen Charles den Kragen zurecht, ehe sie ihm wieder nur die Hand reicht.«

Jeder recht und billig Denkende wird entsetzt sein. Da hat eine Mutter (Charles war drei Jahre alt, als Elizabeth den Thron bestieg) berufsbedingt Herd, Bett und Kind verlassen müssen. So weit kann man folgen. Aber dann, als sie endlich zurückkehrt, als sie ihres kleinen Goldkindes ansichtig wird, da hätte sie Mutter und Empfangskomitee Mutter und Empfangskomitee sein lassen müssen, hätte sich trotz laufender Kameras auf den staubigen Boden der Bahnhofs-Vorhalle

werfen und ihren kleinen Prinzen herzen, herzen, herzen müssen.

Dies, Frau Königin, daß Sie Ihrem kleinen Sohn – auch noch in dieser Reihenfolge – erst den Kragen zurechtrückten und ihn dann nur per Handschlag begrüßten, war seelische Grausamkeit. Über die Folgen brauchen Sie sich nicht zu wundern.

Und Queen, so sympathisch Sie einerseits ja wirken, Sie sollten in einigen Dingen doch einfach mehr Sensibilität an den Tag legen. Zu Recht wirft *Das Neue Blatt* Ihnen vor, daß Sie einzig an die Interessen ihres Hauses denken. Ihre Bestrebungen hätten sogar gegipfelt »in einem höchst unmoralischen Angebot: Diana soll Camilla Parker-Bowles, die Geliebte von Charles, stillschweigend akzeptieren – also eine Ehe zu dritt führen! Um Diana von der Realisierung dieser Idee zu überzeugen, soll die Queen die Geschichte von Edward VII. angeführt haben. Dessen Frau holte die Mätresse sogar an sein Sterbebett.«

Also damit, sehr geehrte Frau Königin, sind wir nicht einverstanden. Sie müssen nun auch mal akzeptieren, daß sich die Zeiten geändert haben. Es geht hier nicht um dynastische Interessen. Es geht um Liebe und Ehrgefühl, um Würde und Selbstachtung. Nehmen Sie sich ein Beispiel an Ihrer Mutter, der sogenannten Queen Mom. Sie setzt nicht auf heuchlerische Halbheit, sondern will nach Darstellung von *Echo der Frau* »dem erbitterten Streit ein Ende machen und Diana und Charles überreden, einander die Hand zur Versöhnung zu reichen«. Sehen Sie, Queen, eben darum geht es: Nicht um Ranküne, sondern um Versöhnung. Bitte schreiben Sie sich das jetzt mal endgültig hinter Ihre königlichen Ohren!

VI

Abgründe von Untreue

Vor einiger Zeit kamen *stern* und *Bunte* mit nahezu identischen Titelgeschichten auf den Markt: Irgendein Gen sei für die männliche Untreue verantwortlich. Gen und Geschichten hätten sich die beiden Blätter schenken können. Denn daß mit den Männern treuemäßig etwas nicht stimmt, das wissen wir aus der Lektüre der Herzfachpresse schon lange. Ein kurzer, willkürlicher Blick in ein paar herumliegende Ausgaben von *Bild*, *7 Tage*, *die zwei* und *American Spectator* – und schon haben wir eine sehr unvollständige, aber doch veritable Liste von prominenten Männern, die Nebendinge treiben. Außer den bekanntesten Exemplaren wie den Prinzen Charles, Bernhard oder Philip sind dies, auszugsweise: Präsident Clinton, König Juan Carlos, König Carl Gustaf, Lyle Lovett, Bundespräsident Klestil. Wie gesagt, dies ist nur eine beliebige Auswahl.

Zum Beispiel Lyle Lovett. Das ist der häßlichste Musiker seit Erfindung der Wildecker Herzbuben. Niemand würde ihn überhaupt zur Kenntnis nehmen, hätte Julia Roberts ihn nicht geheiratet. Wer sie in »Pretty Woman« gesehen hat, mußte sich einfach ein bißchen in sie verknallen. Und statt daß dieser Mensch mit seinen Segelohren jeden Morgen seinem Gott auf den Knien dankt, daß er so ein wunderbares Wesen zur Frau haben darf, was macht der Idiot? Er traf sich laut *Neue Welt* mit seiner Ex-Freundin Ashley Judd und »hat in aller Öffentlichkeit Zärtlicheiten mit ihr ausgetauscht«. Eine Unverschämtheit!

Im Gegensatz zu Musikern ist ein amerikanischer Präsident natürlich in der mißlichen Situation, daß in diesen Zeiten ihm dauernd ein politischer Gegner am Zeuge flicken will, auch wenn er nur mal einer Bedienung in den Ausschnitt schielt. Selbst bei George Bush, der doch äußerlich glatt für einen presbyterianischen Gemeindevorstand mit einer Leidenschaft für Hagebuttentee hätte durchgehen können, hatte es ja von irgendeiner Dame seiner Umgebung mehrdeutig geheißen, sie habe ihm in mehreren Positionen gedient. Bei Mr. Clinton allerdings mehren sich Berichte über Sexual Incorrectness in einem Maße, daß man in der Tat der Ansicht zuneigt, irgend etwas daran müsse schon wahr sein. Wobei in schöner Dialektik so ein Politiker natürlich immer vor sich, seinen Wählern und der Ehefrau behaupten kann: alles politische Intrigen. Und was noch weit angenehmer ist: Auch die Ehefrau mag dies glauben.

Die geschmackloseste uns bekannte Clinton-Story stammt aus *American Spectator*. Der Bericht von Leibwächtern Clintons bezieht sich auf dessen Zeit als Gouverneur von Arkansas: »One of the troopers told the story of how Clinton had eyed a woman at the reception at the Excelsior Hotel in downtown Little Rock. According to the trooper, Clinton asked him to approach the woman, whom the trooper remembered only as Paula, tell her how attractive the governor thought she was, and take her to a room in the hotel, where Clinton would be wating.«

Vielleicht muß man ja einem hart arbeitenden Politiker nachsehen, daß er gelegentlich Appetit auf Abwechslung verspürt. Darüber mag sich jeder sein Urteil bilden. Aber das Empörende an dem beschriebenen Vorgang scheint uns das gleichsam Mechanistische zu sein, mit dem Clinton zum Ziel zu kommen versucht.

Schon vom rein sportlichen Ansatz her ist es beschämend, daß der Gouverneur die eigentliche Verführungsarbeit ausläßt und einem Leibwächter eine Funktion überträgt, die »Postillon d'amour« zu nennen in unpassender Weise beschönigend wäre. Ein solches Verhalten, Mr. Clinton, ist häßlich und niedrig. Und auch dem Leibwächter ist leider kein gutes Zeugnis auszustellen, denn wenn er auch nur ein bißchen Mannesmut vor Gouverneurs-Thronen hätte zeigen wollen, so hätte er sagen müssen: »So leid es mir tut, Mr. Governor, Ihre Frauen müssen Sie schon selber verführen.«

Allerdings kann Mann von Bill Clinton auch lernen. Denn laut *Bild* hat er, nachdem er in einem Lieferwagen (wie unwürdig!) einer Verkäuferin (dito!) an die Wäsche gegangen sei, einem Leibwächter anvertraut: »Oralsex gilt nicht als Ehebruch«. Das ist eine interessante Theorie, die Mann sich merken sollte. Für alle Phälle.

Auf jeden Fall traurig ist die spanische Königin. Werfen wir einen Blick in *7 Tage* und den Zarzuela-Palast! Dort sitzt Königin Sophie und ist verbittert über Juan Carlos. »Zwar ist sie den Kummer mit ihrem Mann und seiner nur allzu bekannten Vorliebe fürs schöne Geschlecht in den 30 Ehejahren bereits gewohnt«, doch zeige sie diesmal energische Entschlossenheit: »Königin Sophie hat Juan Carlos wegen seiner Geliebten Marta Gayá die Leviten gelesen.« Die Königin, die ja in der Tat auf Fotos immer recht verdrießlich dreinschaut, welche Angewohnheit sie vor allem an ihre Tochter Elena weitervererbt hat, will laut *7 Tage* nie mehr einen Fuß auf die Insel Mallorca setzen, wo die Rivalin lebe, und wo der König »seiner Herzdame beim Rauschen der Meereswellen zärtliche Worte ins Ohr flüstert«.

In die gleiche Kerbe haut *die zwei* und fragt neben einem bitteren Titelbild der spanischen Köngin: »Muß eine gute Ehefrau alles verzeihen?« Weiter heißt es: »Wer das Gesicht der 55jährigen Königin aufmerksam studiert, erkennt zarte Falten, die sich seitlich vom Mund eingegraben haben, Falten, die größte Beherrschung verraten. Als ob Sofia in den vergangenen drei Jahrzehnten immer wieder den Mund fest zusammengepreßt hätte, um jeden Vorwurf, jede Klage hinunterzuwürgen.« Zur Begründung dieses so sensibel beschriebenen königlichen Faltenwurfs hat das Blatt auch ein hübsches Wortspiel parat: »Der stattliche Juan Carlos ist ein großer Don Juan.« Laut *die zwei* hat der spanische König auch nach der Hochzeit einfach sein Junggesellenleben fortgesetzt; mit eigenen Hobbys, eigenem Freundeskreis und jeder Menge schöner Frauen. Sogar direkt nach Heiligabend verlasse der König seine Familie, um mit Freunden in den Urlaub zu entschwinden. Sofia »duldet es, lächelt, schweigt«. Eben. Und kriegt Falten.

Das aber wollte Edith Klestil vermeiden. Laut *Bild* bekannte sie: »Ich will keine böse alte Frau mit verkniffenem Gesicht sein.« Dies sprach sie, nachdem sie bei ihrem Mann, dem österreichischen Bundespräsidenten Thomas Klestil, unter Protest ausgezogen war. *Bild*: »Der Grund ist schön, jünger und enge Mitarbeiterin des Präsidenten: Margot Löffler, Außenamtsbeamtin – die geheime Frau in seinem Leben.«

Als die Sache ruchbar wurde, hatte der Bundespräsident einen schweren Stand. Kaum kündeten die Schlagzeilen von dem Fehltritt des dreifachen Vaters, da mußte er, um die Sache ins Absurd-Tragisch-Komische zu steigern, auch noch vor lauter kirchlichen Würdenträgern einen längst vereinbarten Vortrag halten auf einer Veranstaltung der Kirche zum Thema: »Die Familie schafft den Frieden der Menschheit«. Oberpeinlich!

Bei dieser Rede brach ihm fast die Stimme und er mußte vor lauter sentimentaler Selbstübermannung lange Pausen einlegen. Ja, so sind sie, die Männer. Erst treten sie fehl und springen zur Seite, daß der Selleriesalat und die Vorratspackung Okasa kaum ausreichen, und wenn es dann bekannt wird, bricht ihnen die Stimme.

Oder sie sind eifersüchtig. Sogar auf ihre eigene Frau. Nur weil die beliebter ist. Wie zum Beispiel in Schweden. Dort regiert der auf Fotos fast immer muffelig wirkende Monarch Carl Gustaf. Laut *7 Tage* ist er neidisch auf den Erfolg von Königin Silvia. Nach einem Staatsbesuch in Deutschland habe er sich, wieder daheim, alle Zeitungsausschnitte kommen lassen und habe jeweils seinen Namen dick unterstrichen. Wenn das nicht kindisch ist! Carl Gustaf, das Blatt weiß es genau, »fühlt sich zurückgestoßen. Hinzu kommen noch Minderwertigkeitskomplexe, die er aufgrund von Sprachstörungen hat«. Aber ist das ein Grund fremdzugehen?

7 Tage hat es schon einmal zart angedeutet, als das Blatt davon sprach,

Carl Gustaf habe seiner Silvia »oft Kummer bereitet« und »der lebenslustige Monarch« habe »viel Sinn für schöne Frauen«. Deutlicher wird im *stern* ein gewisser Ulf Nilson, Chefreporter der Stockholmer Zeitung *Expressen*. Er findet es peinlich, daß der König noch nicht einmal seinen Namen richtig schreiben könne (neulich habe er sich irgendwo als »Cal Gustf« eingetragen) und sagt dann wörtlich: »Aber seinen Affären tut das keinen Abbruch. Silvia weiß auch davon. Doch sie erträgt alles, solange sie Königin bleiben darf.« Außerdem hält Nilson seinem König vor, er vergesse andauernd, wo er sich befinde. Jüngst habe er die Stadt Örebro für Arboga gehalten und ein anderes Mal Västerbotten mit Norbotten verwechselt.

Da allerdings wollen wir Carl Gustaf ein wenig in Schutz nehmen. Diese schwedischen Ortsnamen sind wirklich vertrackt. Versuchen Sie zum Beispiel mal, erstens astrein Muodoslompolo und Svappavaara runterzuschnurren. Und zweitens ist man wahrscheinlich so froh, daß man sich endlich Muodoslompolo eingeprägt hat, daß man zu Besuch in Svappavaara schon mal aus Versehen denkt, man sei in Muodoslompolo. Wobei Carl Gustaf ja regelrecht erleichtert sein kann, daß er nicht König von Finnland ist, denn da gibt es Orte wie Usikkaarlepy.

In jedem Fall ersieht man schon aus diesem kleinen Beispiel: Könige haben es auch nicht leicht. Und vielleicht ist das einer der Gründe, warum sie so häufig Nebendinge treiben.

VII

Prinz Philip auf der Yacht mit Prinzessin Alexandra

Elizabeth war dreizehn, als sie sich in ihn verliebte. Er war achtzehn, ein gutaussehender junger Mann, ein mittelloser Prinz von Griechenland und Dänemark, Sohn geschiedener Eltern, streng erzogen im Internat im schottischen Gordonstoun unter Anleitung des Deutschen Kurt Hahn, eines non-practising homosexuals, der seinen Schützlingen Gespräche über Sexualität untersagte und statt dessen auf kalte Duschen, körperliche Ertüchtigung und Dienst an der Gemeinschaft setzte.

Philip heiratete Elizabeth, als sie noch nicht Königin war, und die Tatsache ihrer Erhebung muß ihn schockiert haben. Plötzlich verdammt zu sein, immer ein bis zwei Schritte hinter ihr zu gehen, seine Frau bei offiziellen Anlässen als »Ihre Majestät« anzureden, nicht mehr seine Karriere bei der Marine verfolgen zu können, lange Jahre bei der Thronrede seiner Gattin neben ihr stehen zu müssen, ohne daß er ein Wort sagen durfte, ehe ihm später wenigstens eine Sitzgelegenheit angebo-

ten wurde – dies alles muß ihn wie ein Schicksalsschlag angemutet haben, wie die Umkehrung des natürlichen Gangs der Dinge und der Geschlechterbeziehung. Er, der für das Haus Windsor vier Kinder gezeugt hat, tritt auf der Thronfolgerliste nicht in Erscheinung, während seine Kinder Charles, Anne, Andrew und Edward die Plätze eins, acht, vier und sieben einnehmen, seine Enkel William und Henry die Plätze zwei und drei.

Nein, wir wissen nicht viel über den »Prinzgemahl«, können uns aber vorstellen, daß er diese Bezeichnung aus ganzem Herzen haßt, können uns auch denken, daß die Queen als lebenskluge Frau ihren im öffentlichen Leben auf immer in die zweite Reihe versetzten Gemahl daheim so viel entscheiden läßt wie möglich. Vermutlich war es Prinz Philips Einfluß zu verdanken, daß Charles als erster designierter

König außerhalb des Palastes erzogen wurde, ebenfalls in Gordonstoun.

Nein, wir wissen nicht viel über Philip, außer daß er wie zum Zeichen seines öffentlichen Unbeteiligtseins stets die Hände hinterm Rücken verschränkt und er kein Foto seiner Söhne in seinem Arbeitszimmer hängen hat, wohl aber eines seiner Tochter Anne, einer stets mißmutig wirkenden, aber pflichterfüllten Frau, die wahre Rekorde im Wahrnehmen königlicher Termine bricht und im inneren Familienkreise wahrscheinlich ebenso gereizt und verächtlich wie ihr Vater auf die Eskapaden von Charles, Andrew, Fergie oder Diana reagiert.

Philip, vielleicht in Kompensation seiner untergeordneten öffentlichen Rolle, muß ein dominierender Vater (gewesen) sein, nach dem Urteil von Lord Rees-Mogg, zitiert nach Anthony Holden, einer dieser unglücklichen Väter,

»die nicht erkennen, wie furchterregend sie auf kleine Kinder wirken«. Noch als 40 Jahre alter Vater zweier Söhne habe Charles, schreibt Anthony Holden, unter den Wutausbrüchen

Philips zusammenbrechen können. Und daß zum Beispiel Charles' Büro chaotisch organisiert sei, daß er

schwanke, zögere, sich für nichts entscheiden könne, daß alles herumliege und nichts erledigt werde – »das geht Philip am meisten auf die Nerven«.
Laut *die zwei* soll Charles geklagt haben: »Ich kann mich nicht erinnern, daß mein Vater mir jemals sagte, daß er mich liebt. Ich kann mich nicht erinnern, daß er mich jemals gelobt oder in den Arm genommen hätte. Es war alles sehr traurig.«

Das Blatt nennt aber auch Gründe für dieses seltsame und kalte Verhalten: »Philip konnte nicht mitansehen, daß sein Sohn als künftiger König eine viel größere Rolle spielen sollte als er selbst.« Das leuchtet ein.
Auch ist nicht ganz von der Hand zu weisen, daß Philip Charles wegen dessen Untreue, nein: nicht wegen der Fehltritte, sondern wegen ihres Offenbarwerdens, mit Verachtung straft. *Bild* hat dies einmal auf folgenden wunderbar einfachen Nenner ge-

bracht: »Prinz Philip hat ein kaltes Herz. Er akzeptiert die Ehe. Aber das Bett der Queen hat er schon seit 20 Jahren nicht mehr gesehen. Ein Gentleman geht zum Polo, zur Jagd, genehmigt sich am Abend zur Entspannung ein Glas Scotch – oder eine Geliebte. Er ließ sich nie erwischen. Aber Charles schon.«

Hat der Prinzgemahl sich wirklich nie erwischen lassen? Doch, das hat er wohl. In den fünfziger und sechziger Jahren schwirrte manches Gerücht. Aber damals galt die Königin und damit ihr Mann der Presse noch als sakrosankt. Und erst in unseren Tagen schreibt *die zwei*, er habe sich »mit Tänzerinnen und Schauspielerinnen« vergnügt und, unter Berufung auf ein neues Buch, 22 Jahre lang ein Verhältnis mit Alexandra von Kent unterhalten, ausgerechnet einer Kusine der Königin, geboren 1936, Platz 25 der Thronfolge: »Philips Geliebte Alexandra war die heimliche Herrin auf der königlichen Yacht ›Britannia‹. Sie fungierte ganz selbstverständlich als Gastgeberin für Philips Freunde. Alle liebten die gutaussehende, sanfte Prinzessin.« Abgesehen von der Affäre mit Alexandra, soll Philip laut *Das Neue Blatt* sogar einen unehelichen Sohn haben, der als Wirtschaftsprofessor in China lebe.

Was uns nun bewegt: Wußte die Queen davon? Kam es zu Szenen? Oder hat sie, wie es bei heiklen Themen ihre Art sein soll, immer wenn ihr Gatte zum Geständnis ansetzen wollte, vom Wetter geredet? Tja, ihr Lieben, dies sind Fragen, drauf wir keine Antwort haben.

VIII

Was Charles nie hätte tun dürfen

Was würden Sie von einem Mann halten, der auf eine einfache Frage – zum Beispiel, ob er zum Zähneputzen Blendax verwende – antworten würde: »Nun, ich, das Schlimme ist, sehen Sie, daß diese Dinge wieder, wie ich vorhin schon sagte, so persönlich sind, daß es schwer ist zu wissen, wie man genau, wissen Sie, über diese Dinge vor aller Welt reden soll . . . aber ich meine, alles, was ich sagen kann, ist, daß so viel spekuliert worden ist . . . aber alles, was ich sagen kann, ähm, daß ich meine, es ist nichts Wahres an einem großen Teil der Spekulationen, und Blendax ist eine gute Zahncreme, und ich habe viele Zahncremes.«

Hä? Kopfschuß? Hirnerweichung? Völlig plemplem? Geben Sie's zu: So oder ähnlich würden Sie über den Mann urteilen.

Fast genau mit diesen Worten aber hat der designierte König von England, Oberhaupt der Anglikanischen Kirche, Verteidiger des Glaubens auf die Frage seines Interviewers Jonathan

Dimbleby nach Camilla Parker-Bowles geantwortet: »Nun, das Schlimme ist, sehen Sie, daß diese Dinge wieder, wie ich vorhin schon sagte, so persönlich sind, daß es schwer ist zu wissen, wie man genau, wissen Sie, über diese Dinge vor aller Welt reden soll . . . aber ich meine, alles, was ich sagen kann, ist, daß so viel spekuliert worden ist . . . aber alles, was ich sagen kann, ähm, daß ich meine, es ist nichts Wahres an einem großen Teil der Spekulationen, und Frau Parker-Bowles ist eine gute Freundin, und ich habe viele Freunde.«

Wie kam der Prinz dazu, seine privatesten Dinge, wenn auch in dieser verwirrten Weise, vor Fernsehkameras und einem Millionenpublikum auszubreiten? Es war im Sommer 1994, daß das britische Fernsehen eine zweieinhalbstündige ITV-Produktion über Charles ausstrahlte, die ihn bei seiner harten Pflicht des Repräsentierens vom schottischen Hochland bis nach Australien begleitete: »Der private Mann, die öffentliche Rolle«.

Es ist verständlich, daß ein angehender Regent, der sein Image der Massenpresse verdankt, auf die er keinen Einfluß hat, Person und Leben einmal so darstellen lassen will, wie sie seiner Sicht entsprechen. Doch hat Charles damit einen schrecklichen Fehler begangen. Vor allem, als er sich die Frage gefallen ließ: »Sind Sie in Ihrer Ehe treu geblieben?«

Charles antwortete zunächst mit einem frechen »Ja«, um nach einer Pause fortzufahren: »Bis klar wurde, daß meine Ehe unheilbar zerrüttet war.« Er gebrauchte übrigens das Wort »irretrievably«, welch formaljuristische Diktion für eine Herzensangelegenheit!

Aber nicht diese kalte Formulierung oder die oben beschriebene Konfusion müssen wir ihm vorwerfen, sondern den Umstand, daß er sich überhaupt nicht entblödete, sein Intimstes preiszugeben.

Und was soll man erst zu Charles' Nachsatz in demselben Interview sagen, zitiert nach *Bild*: »Nun mal langsam, was mir da passiert ist, passiert doch der halben Nation«? Will er damit sagen, daß jeder zweite Brite eine so sympathische und attraktive Frau dermaßen schlecht behandeln würde, daß sie sich in Bulimie und Kaufzwang flüchten muß? Will er andeuten, daß jeder zweite männliche Bewohner des Vereinigten Königreichs eine Dauergeliebte hat (laut *Bild* seit 22 Jahren), mit der er ebenso närrische wie obszöne Telefongespräche führt?

Was man Charles vor allem vorwerfen muß: Er hat, wie manche Übeltäter es tun, sich eine Sache vom Herzen reden wollen. Dies mag menschlich verständlich sein, ist royal gesehen aber eine Todsünde. Denn das Hauptwort eines Königs muß heißen: No comment. Es liegt im Wesen des Königtums, daß es banal wird, fällt der Schleier des Geheimnisses von ihm ab. Ja, viel »Behagen muß ein König missen, des sich der einzelne freut«, muß man Charles an Shakespeare erinnern.

Durch sein Interview hat der Prinz von Wales verraten, daß er vom Lebensernst jener Shakespearschen Einsicht nichts verstanden hat. Aber rein gar nichts.

IX

Die geheimen Briefe der Windsors

Wir sind unter abenteuerlichen Umständen in den Besitz einiger hochgeheimer Dokumente gelangt, die aufschlußreiche Einblicke in das königliche Familienleben gestatten. Wir saßen eines Abends nichtsahnend daheim vor dem Kamin, als es an der Haustür energisch läutete. Eine gedrungene konspirative Person aus dem Schwäbischen stürzte herein und stieß hervor: »Das können Sie vielleicht gebrauchen!« Ehe wir dem Mann einen Scheck in die Hand drücken konnten, war er schon wieder verschwunden. Er murmelte nur noch etwas von einem Flugzeugabsturz in der Nähe der Gemeinde Börnersdorf südlich von Dresden. Dort sei das Material gefunden worden. Ob es wirklich authentisch ist, wissen wir nicht. Aber urteilen Sie selbst:

Im Januar 1993

Mein allerliebster, süßer
Charles!

Ich bin allein. Wie gern würde ich jetzt mit Dir sprechen. Deine Hand in meine legen. Deine Stimme hören und Deinen Atem fühlen. Deine Zunge auf meinem Körper spüren, auf meinem ganzen Körper, das wäre genau, was ich im Moment brauchte. Oh Darling, Du kannst Dich so wahnsinnig gut einfühlen. Meine Tage ohne Dich sind leer. Ich liebe Dich abgöttisch. Good night, für heute. Aber viele lange Nächte mit Dir für immer wünscht sich

Deine Camilla

P.S. Hast Du neulich, als wir telefonierten, auch gemerkt, daß das Telefon so komisch knackte?

Buckingham Palace,
28. Januar 1993

Charles!

Dein Vater und ich haben soeben das abgehörte Telefonprotokoll zwischen Dir und Mrs. Parker-Bowles gelesen. Sind entsetzt! Bitten Dich eindringlich, mit der Dame keinen weiteren Umgang zu pflegen.

Mutter

Balmoral, 22. Februar 1993

Lieber Sohn!

Die Sache mit dem abgehörten Gespräch zwischen Mrs. Parker-Bowles und Dir liegt nun schon ein paar Wochen zurück. Deine Mutter und ich

haben uns ein bißchen beruhigt, wenn natürlich auch die Reaktion der öffentlichen Meinung immer noch verheerend ist. Ich schreibe Dir heute (bin allein mit Alice, Du hast sie neulich kennengelernt, diese kleine Brünette, die mich ganz verrückt macht), weil ich Dir einen väterlichen Rat geben will. Ich weiß, ich habe Dir vielleicht zuviele väterliche Ratschläge erteilt, aber dieser hier ist wirklich wichtig.
Schau mal, alter Junge, daß ich mich neulich so aufgeregt habe, war natürlich auch ein bißchen Schauspielerei gegenüber Deiner Mutter, aber ich war ehrlich entsetzt, daß Du so unvorsichtig warst. Charles II., George IV. oder Edward VII. zählten zu unseren besten Königen. Sie alle waren Weiberhelden. Aber sie waren diskret!! In diesem Sinne. Habe keine Zeit mehr, Alice läßt nicht locker.

Dein Pa

Whitebrook, 23. Februar 1993

Sehr geehrte Königliche Hoheit,

Für den Fall Ihres etwaigen Rücktritts als Prince of Wales und britischer Thronfolger bieten wir Ihnen einen Exklusiv-Werbevertrag für unser Unternehmen in Höhe von jährlich 10 Millionen Dollar an.

Mit vorzüglicher Hochachtung

John Merchant
President Tampax Inc.

Marbella, 25. August 1993

Hi Charles!

Komme gerade vom Einkaufen zurück. Es war »himmlisch«. Sechs Stunden unterwegs! Jede Menge Klamotten gekauft, einen gaaanz süßen Hut, und ein paar sehr seidige »Dessous«, außerdem zehn CDs von Phil Collins. Ich finde ihn so toll!!!!! Heute Nacht will ich mich verkleiden und mit meiner Clique durch ein paar Discos »fegen«. Schade, daß Du nicht dabeisein kannst. Eines der Mädels würde Dir bestimmt gefallen. Eher ein herber Typ wie – na Du weißt ja schon. Wenn Du Andrew siehst, sag ihm mal, er soll mehr »Knete« rausrücken, finanziell bin ich furchtbar auf dem »Zahnfleisch«. Er ist so geizig!!!! Die Scheidung kriegt er nur gegen ganz, ganz viel Zaster!!!! So, ich muß los, alter Ganove! Wie geht's Diana? Na ja, diese Frage hätte ich wohl weglassen können. Tut mir alles furchtbar leid. Muß los. Tschüssi!

Fergie

1. März 1994

Mein über alles Geliebter!

Warum rufst Du nicht an? Den ganzen Tag traue ich mich nicht aus dem Haus in der Furcht, Deinen Anruf zu verpassen. Ich weiß, wir müssen jetzt ganz stark sein. Aber ich liebe Dich so und bin so entsetzlich traurig. Bitte laß' Dich nicht mehr von Deinen Bediensteten am Telefon verleugnen. Hast Du all die Jahre vergessen, die wir uns so treu ergeben waren? Ein einziger Anruf, ein einziges kleines, liebes Wort für mich, und schon würde die Sonne wieder scheinen. Sei nicht so hart, das paßt doch gar nicht zu Dir.

Deine traurige Camilla

Kensington Palace,
10. Oktober 1994

Charles!

Steckst Du dahinter? Zutrauen würde ich es Dir. Diese gemeine, widerliche Ratte! Und ich dachte, er gäbe mir, was Du mir immer verweigert hast – ein bißchen Liebe und Wärme. Die Zeitungen schreiben, er würde ein paar Millionen mit diesem primitiven, ekelhaften Buch verdienen. Soll er daran ersticken. Aber wenn Du dahinterstecken solltest, das verzeihe ich Dir nie. Und ich traue Dir mittlerweile alles zu.

Diana

Ludgrove, 12. Oktober 1994

Hallo Diana!

Was soll ich jetzt wieder von diesem Quatsch halten? Wohinter soll ich gesteckt haben? Dahinter, daß eine unreife, überspannte Frau, die mit ihren Kuscheltieren in einem Bett schläft, sich einen Reitlehrer als Geliebten hält? Was für ein Nonsens. Werde endlich erwachsen!

Charles

Kensington Palace, 1. November

Charles!

Ach so, Du hast mich gar nicht geliebt! Ist ja nett, das aus einem Fernseh-Interview zu erfahren. Großartig. Und was meinst Du, was Deine Kinder davon halten sollen?! Weißt Du, was Du bist?

Diana

X

Camilla mit Brötchen beworfen

Wer in den Verdauungsstunden sich ein Herzblatt zu Gemüte führt, für den mag sich das Folgende ja ganz lustig anhören. Aber eines sollten wir nie vergessen. Auch die Personen, die uns so geläufig geworden sind, über die wir so viel gelesen haben, daß wir gleichsam auf Duzfuß mit ihnen stehen, sind Geschöpfe aus Fleisch und Blut, sie haben Empfindungen wie Ehrgefühl, Scham, Liebe oder Wut. Sie sind, bei allem Reichtum und Glanz, irgendwo, irgendwie Menschen wie du und ich.

Dessen eingedenk, möge jeder und jede sich in die Haut von Camilla Parker-Bowles versetzen, der laut *stern* dieses geschah: Sie wurde in einem Supermarkt von Hausfrauen, »offensichtlich Anhänger von Lady Di«, erkannt, umzingelt und mit Brötchen und Rosinenkuchen beworfen. Camilla sei weinend auf den Parkplatz geflüchtet. Nein, das ist nicht lustig.

Auch wenn sie in den Herzblättern abgebildet wird, wirkt Camilla nie besonders heiter. Der oberflächliche Leser mag denken, sie sei ständig mürrisch. Aber hat dieser Leser mal darüber nachgedacht, daß Camilla praktisch dauernd in der Angst lebt, wo immer sie auftaucht, fotografiert zu werden, um dann ihr Bild in einem für sie wahrscheinlich unangenehmen Zusammenhang wiederzufinden?
Und würden Sie dann in die Kameras strahlen? Na also. Und von einer Meute englischer Hausfrauen in einem Supermarkt umzingelt und attackiert zu werden – würde Ihnen das sonderlich spaßhaft erscheinen? Eben.

Also nähern wir uns Camilla einmal mit dem gebotenen Ernst. Und schlagen bei Anthony Holden, unserer seriösen Quelle, nach, ehe wir das Urteil der Herzblätter zitieren, das freilich allerdings oft auf dumpfe Art treffsicher ist.

Laut Holden sind sich Camilla und Charles 1972 zum ersten Mal begegnet. Sie habe gleich bei dieser Zusammenkunft den Prinzen darauf angesprochen, daß sie die Urenkelin von Alice Keppell sei, der Lieblingsmätresse von Charles' Ururgroßvater Edward VII. Charles »diente damals bei der Marine, sie ging mit seinem Polofreund Andrew Parker-Bowles. Camilla war der Typ Mädchen, den Charles mochte – aufgeweckt, spöttisch, mit einer Vorliebe für Polo und die Jagd.« Und, wie wir hinzufügen möchten, wahrscheinlich nicht schlecht im Bett, denn sonst wäre viele Jahre später niemals jenes intime, im Gleichklang der

Herzen schwingende, abgehörte Telefongespräch zustande gekommen, das ein müder Charles mit einer sehr verständnisvollen Camilla geführt hat, ein Dokument überwältigender Authenzität, das denn von seiten des Hofes auch nie in Abrede gestellt wurde.

Und ehe Sie, liebe Leserinnen und Leser, es sich ausschnittsweise einverleiben, stellen Sie sich bitte vor, Sie selbst wären betroffen, wären verheiratet. Und Sie würden noch spät in der Nacht, ermattet vom Tag, aber nicht ohne Wollust, zum Telefonhörer greifen. Und Ihr Ehepartner läse diese Zitate später in der Zeitung. Das Gespräch, weder von Charles noch Camilla je dementiert, ging laut *Bunte* so:

Er: Oh Gott, ich möchte in deinen Hosen leben oder so was. Dann wäre alles so viel leichter.

Sie: Was willst du denn werden? Mein Schlüpfer vielleicht? Oh, du wirst also als Schlüpfer wiedergeboren.

Er: Gott behüte, nein, aber als Tampon vielleicht. Pech für mich, wenn man mich ins Klo wirft und ich auf ewig in der Schüssel herumkreise, ohne zu verschwinden.

Und am Ende des Gesprächs, müde und wohlig, würde man sich verabschieden:

Sie: Drück auf den Knopf.
Er: Ich drück jetzt auf diesen Nippel.
Sie: Ach Liebling, ich wünschte, es wäre meiner.
Er: Gott, ich auch, ganz ganz fest.

Bei Tageslicht betrachtet, ist dies ein albernes, infantiles Gespräch, geboren aus nächtlicher Ermattung auf der Grundlage erprobter Vertrautheit, durchsetzt mit einem Schuß Schweinosität. Es ist ein Gespräch, wie Tausende

von Liebespaaren es nächtens führen mögen, wenn sie, auf der Schwelle zur Nacht, sich ein bißchen gehen lassen. Jeder und jede, die diese Zeilen lesen und selbst schon einmal verbotene Frucht gekostet haben, mögen schreckhaft innehalten und sich vor Augen führen, wie absolut fürchterlich es wäre, wenn auch ihre nächtlichen Telefonate aus dem Dunkel wollüstiger Verstrickung das Tageslicht des Zeitungsdrucks erblickt hätten.

Nur sprachen da leider miteinander der verheiratete britische Thronfolger und seine verheiratete Geliebte, Mutter zweier Kinder.

Diana, als das Gespräch veröffentlicht war, konnte sich der Sympathie und des Mitgefühls aller sicher wähnen. Der Welt war auf das plastischste dargelegt worden, daß ihr Gatte, der sich in der Reinkarnation eines Tampons in einer Klosettschüssel herumschwimmen sah, sich wie ein obszöner Narr gebärdet hatte und über einen bathroom humour verfügte, der unschuldigen und sexuell weniger raffinierten Naturen schlecht zuzumuten war.

Charles' Appetit auf Camilla muß in der Tat schon früh enorm ausgeprägt gewesen sein und lange angehalten haben, denn nach *Bild* währet das Verhältnis, wie gesagt, schon 22 Jahre. Das Blatt zitiert aus dem neuen Buch des englischen Journalisten Christopher Wilson »Charles und Camilla – eine größere Liebe«. Danach liebte er sie zum ersten Mal ein Jahr vor Camillas Hochzeit mit Andrew Parker-Bowles.

Auch mit Details hält *Bild* nicht hinterm Berg: »Auf einem Ball, den Charles und Camilla zusammen besuchten, trug sie Charles' Lieblingskleid: braun, kurz, mit tiefem Dekolleté. Das machte den Thronfolger so an, daß er ihr auf der Tanzfläche vor 350 Gästen einen langen Zungenkuß gab, ihr die Hände in den Ausschnitt steckte und ihr an die Brust faßte.«

Kein Wunder, daß brötchenwerfende Hausfrauen in diesem Kontext aus sexueller Willfährigkeit schnell ausgemacht hatten, wer hier die Unschuldige und wer die Schuldige war.

Doch Camilla als vermeintlich böse Geliebte zieht ja nicht nur in der Frage der moralischen Bewertung den kürzeren, sondern auch im alltäglichen Leben. Nach einem Bericht von *Frau mit Herz* besuchten einmal Camilla und Diana zur gleichen Zeit die Sauna im Harbour Club in Chelsea. Dort habe Di plötzlich Camilla »mit einem Saunahandtuch um die ziemlich rundlichen Hüften« bemerkt, sei wie angewurzelt stehengeblieben und dann vor lauter Not unter die Dusche geflüchtet. Damit Diana künftig nicht das Gesundheitszentrum meide, »wird man wohl Camilla Parker-Bowles empfehlen, einen anderen Club aufzusuchen«.

Oder die Sache mit dem Friseur Mr. Galvin in Mayfair, der nach Darstellung von *die zwei* ebenfalls von beiden Damen konsultiert wurde. Um auch hier peinliche Zusammentreffen (mit, wer weiß: Kratzen und Haareausreißen) zu vermeiden, sei Camilla aufgefordert worden, sich einen anderen Friseur zu suchen. Das Blatt knüpft an diesen Vorgang eine moralische Überlegung an, die über den aktuellen Gegenstand weit ins Grundsätzliche weist: »Wir fühlen mit Diana, wir mögen sie, wir mögen sie sehr – aber die Frage muß zulässig sein: Ist es eigentlich richtig, daß die Geliebte meist schlechter behandelt wird als die Ehefrau?«

Noch immer unbeantwort ist die Frage, die ja viele bewegt: Wieso hat der Mann einer der meistbewunderten und beliebtesten Frauen der Welt eine Geliebte, die es äußerlich wirklich nicht mit ihr aufnehmen kann? Anders gefragt: Was hat Camilla, das Diana nicht hat?

»Aufgeweckt, spöttisch, mit einer Vorliebe für Polo und die Jagd« – so hatte Anthony Holden Camilla charakterisiert. Die Erklärungsversuche der Herzblätter weichen gar nicht weit davon ab. *Frau mit Herz*: »Sie besitzt einen umwerfenden Humor, liebt wie Charles das Leben auf dem Land und mag lässige Kleidung. Die 45jährige ist eine erfahrene Geliebte, bei der der Prinz sich völlig fallenlassen kann.« Ähnlich sieht es *7 Tage*: »Oft verlassen Männer ihre schönen Ehefrauen für eine Geliebte, die bei weitem nicht so attraktiv ist, beweist ein neue Studie aus Amerika. Fast immer spielt bei dieser Entscheidung Sex eine wichtige Rolle.«

Aha. Also mal wieder. Aber jetzt kommt's: »Nicht so gut aussehende Frauen gehen offenbar mehr auf die Wünsche der Männer ein, während Schönheiten fast immer mehr mit sich selbst als mit dem Partner beschäftigt sind.«

Hat Diana diese Zusammenhänge je verstanden? Offensichtlich nicht, denn es ist glaubhaft überliefert, daß sie die Rivalin einst als »The Rottweiler« bezeichnete. Wobei Diana eben nur einen Teil von Camillas Persönlichkeit berücksichtigt hat.

Hat Charles nun Schluß gemacht mit Camilla? Die Nachrichten sind widersprüchlich. *7 Tage* berichtet, Camillas Vater, der greise Major Bruce Shand, habe gegen den Willen seiner Tochter Charles um eine Audienz ersucht und dabei aufgebracht geschrien: »Sie haben uns zum Gespött der Leute gemacht! Ich verbiete Ihnen, Camilla je wieder zu treffen!« Sie befürchte nun aber, daß Charles dieses väterliche Machtwort als willkommene Ausrede nutze, sich nun gar nicht mehr bei ihr zu melden.

Was laut *Bunte* bereits der Fall ist. Denn als Camilla eines Tages Charles habe sprechen wollen, soll dessen Kammerdiener am Telefon acht verhängnisvolle Worte gesprochen haben: »Sorry Madam, His Royal Highness is not available.«

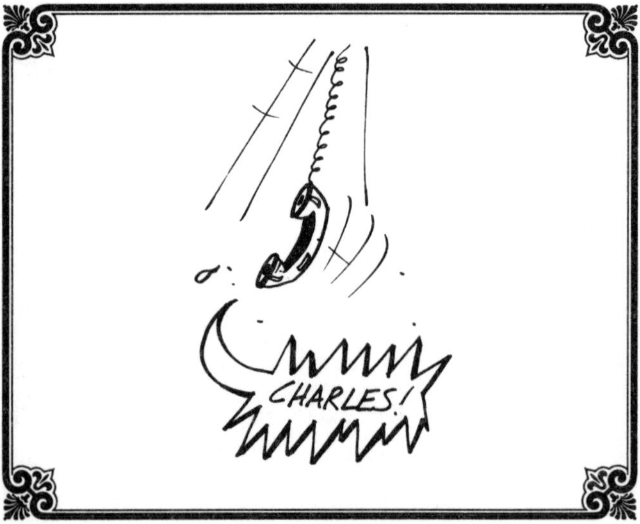

Wenn dies so wäre – Camilla hätte unser ganzes Mitgefühl, zumal ein Seitenaspekt in der Beziehung dieser beiden geradezu rührende Züge trägt: Die beiden nennen einander nämlich »Fred« und »Gladys«. Ins Deutsche übertragen, hieße das etwa »Karl« und »Brunhilde« – gewöhnliche, schlichte und wonnig normale Namen also, die das tiefe Verlangen ihrer fiktiven Träger nach bürgerlicher Einfachheit, nach einem Dasein der Üblichkeit verkörpern. In dieser Fiktion zeigt sich aber auch ein unerlaubter Fluchtgedanke, die Unfähigkeit, ganz und gar das Schicksal anzunehmen, der Prinz von Wales zu sein und seine Geliebte, die ihn lieben, aber nie besitzen darf. Life is unfair.

XI

Ein Familientreffen, das zu nichts führte

Ort: Buckingham-Palast. Zeit: Irgendwann. Die Teilnehmer: Fast die gesamte königliche Familie.
Dialoge: Erstunken, erlogen.

Philip (ernst): Ich habe euch alle zusammengerufen, weil es in dieser Familie eine Reihe von Dingen gibt, die zu lösen sind. Da wären zum Beispiel die Ehen von Charles und Andrew, die Erziehung von Willie und Harry . . .

Fergie: Ich möchte gleich zu Beginn feststellen, daß ich ohne meinen Anwalt keine Vereinbarungen treffen werde, schon gar nicht über Geld.

Anne (kalt): Warte, bist du an der Reihe bist. Hast du übrigens wieder zugenommen? Wieviel wiegst du jetzt? 90 Kilo?

Andrew: Sei doch nicht so gemein.

Philip: Ich schlage vor, wir sprechen zunächst über Charles und Diana. Die Anwälte haben ein ziemlich umfangreiches Papier ausgearbeitet . . .

Fergie: Ist noch Champagner da? In dieser Familie muß ich mich immer besaufen.

Queen: Kind, deine Wortwahl. Findet ihr übrigens nicht, daß das Wetter heute fabelhaft ist?

Philip: . . . das Charles und Diana bekannt ist. Die Regelung sieht eine Scheidung vor. Diana bekommt eine einmalige Abfindung in Höhe von 10 Millionen Pfund, einen inflationsangepaßten jährlichen Unterhalt von einer Million. Sie wird England verlassen.

Diana: Das Geld interessiert mich nicht. Was ist mit den Kindern?

Charles: Wenn du nur immer soviel Interesse an den Kindern gezeigt hättest.

Diana (gereizt): Du! Reize mich nicht!

Charles: Was an dir soll reizend sein?

Diana: Seht ihr? So war er immer, euer lieber Charles. Immer unsachlich.

Anne (kalt): Liegt vielleicht auch an dir.

Diana: Meine Liebe, hat dir schon mal jemand gesagt, daß du eine Giftspritze bist?

Fergie (befriedigt): Wo du recht hast, hast du recht.

Queen: Und morgen soll es noch schöner werden.

Diana: Also, was wird mit Willie und Harry?

Philip: Die Abmachungen sehen vor, daß die beiden weiter das Internat besuchen. Die Hälfte der Ferien sind sie bei Charles, die andere bei Diana.

Diana: Das ist mir zuwenig.

Charles (schief lächelnd und an seinen Manschettenknöpfen spielend): Möchtest du sie vielleicht selbst unterrichten? Dann kämen sie allerdings über das kleine Einmaleins nicht hinaus. Oder sollen sie bei dir im Geldausgeben und Klamottenkaufen ausgebildet werden? Darin bist du ja, immerhin, recht gut.

Fergie (nimmt einen kräftigen Schluck Champagner): Können wir jetzt nicht mal zu mir kommen? Wenn Charles und Di sich streiten, kann das noch Stunden dauern.

Anne: Hast wohl eine Verabredung mit John Bryan, wie? Soll er dir wieder die Zehen oder sonstwas nuckeln, während eure Kinder zuschauen?

Fergie (aufgebracht): Andrew, deine Schwester ist ein Kotzbrocken.

Andrew: Manchmal.

Fergie: Dabei war sie früher doch auch kein Kind von Traurigkeit. Und ist sie etwa nicht geschieden?

Anne (kalt): Vater, muß ich mir das von dem Rotschopf bieten lassen?

Philip (energisch): Ruhe jetzt! Strittiger Punkt scheint zu sein, daß Diana die Kinder öfter sehen möchte. Charles, bist du in diesem Punkt kompromißbereit?

Charles: Unter gar keinen Umständen.

Philip: Diana, könnten wir dir in dieser Sache finanziell entgegenkommen?

Diana: Geld, Geld! Diese Familie glaubt immer, alles mit Geld regeln zu können.

Fergie: Also über Geld laß ich immer mit mir reden. Wieviel wollt ihr denn rausrücken? Wenn Diana zehn Riesenriesen kriegt, will ich auch zehn.

Anne (kalt): Wofür denn, Rotschopf? Dafür, daß du unsere Familie kompromittiert hast?

Fergie: Andrew, verbiete deiner Schwester, so mit mir zu sprechen. Was bedeutet: »kompromittiert«?

Andrew: Äh . . .

Philip: So kommen wir nicht weiter.
(Es entsteht eine kurze Gesprächspause)

Queen (öffnet die Handtasche): In Schottland soll es ja heute geregnet haben.

Philip: Was ich vorhin noch vergessen hatte: Die Scheidung von Charles und Diana wird gleichzeitig mit der Ankündigung von Edwards Hochzeit bekanntgegeben. Damit die Presse nicht nur mit dem Negativen beschäftigt ist.

Fergie: Ach, habt ihr den armen Kerl jetzt rumgekriegt? Muß er jetzt heiraten? Er war mir immer der einzig Sympathische in dieser Familie, wie er so schön Theater gespielt hat in seinen Frauenkleidern.

Philip (scharf): Überlasse bitte die Angelegenheiten unserer Familie uns. Für dich ist übrigens eine einmalige Abfindung in Höhe von 500.000 Pfund vorgesehen. Für den jährlichen Unterhalt hat dein Mann zu sorgen.

Fergie (springt auf): Waas??! 500.000??! Bei euch piept's wohl!!

Queen (schließt die Handtasche): Kind, deine Wortwahl.

Diana (stößt einen markerschütternden Schrei aus und springt auf): Iiiiiieh! Die Manschettenknöpfe!!! Er trägt die Manschettenknöpfe!!! Das macht er absichtlich!

Charles: Natürlich trägt man Manschettenknöpfe mit Absicht. Ich stehe nicht an zu erklären, daß Manschettenknöpfe die Funktion erfüllen, zwei Umschlagmanschetten zusammenzuhalten. Außerdem dienen sie der Zierde. Gefallen sie dir nicht?

Diana (sehr erregt): Er macht es mit Absicht! Er hat sie angelegt, um mich zu ärgern mit diesen ekelhaften Mistdingern, die er von Camilla geschenkt bekommen hat, diesem, diesem Rottweiler! Er hat es nur getan, um mich zu provozieren. Ich beende das Gespräch. Auf Wiedersehen! Ihr könnt ohne mich weiterreden.

Anne (zu Charles): War sie immer so, alter Junge?

Charles: Schlimmer.

Anne: Sorry für dich.

Fergie (steht immer noch): Also jetzt mal Chips bei die Fische! Zehn Millionen für mich zum Abschied, eine Million jährlich als Unterhalt, Sorgerecht für die Kinder und den Titel.

Philip: Ist das dein Ernst?

Fergie (eiskalt): Ja. Oder sonst schreibe ich ein kleines Büchlein. »Meine Schreckensjahre am Hof« oder so ähnlich. Da würden lauter interessante Geschichten drinstehen. Auch über den Herrn Prinzgemahl und eine gewisse Prinzessin Alex . . .

Philip (laut): Raus!

Queen: Was hat sie gesagt?

Fergie (im Hinausgehen): Einen Verlag habe ich auch schon.

Philip (wieder ruhiger): Man kann nicht behaupten, daß wir sehr viel weiter gekommen wären.

Charles (grinst): Habt ihr gesehen, wie sie an die Decke gegangen ist, als sie die Manschettenknöpfe entdeckte?

Andrew (stolz): Meine Frau hat aber auch noch immer viel Pfeffer im Hintern.

Queen: Kind, deine Wortwahl.

Philip (seine Frau nachäffend): Kind, deine Wortwahl! Kannst du nicht auch mal was Produktives beisteuern?

Queen (faltet die Hände über ihrer Handtasche): Gewiß. Ähm. Ich glaube, das Wetter bleibt so schön.

XII

Wie es weitergeht

Wird Diana noch einmal zu ihrem
Glück finden?
Was wird aus Charles?
Ob er noch einmal heiratet?
Übergeht ihn die Queen?
Wird Prinz William König?
Tauchen neue dramatische Abhör-
Protokolle auf?
Was geschieht mit Fergie und Andrew?
Wird Märtha Louise Königin in
Afrika?
Bleiben Juan Carlos, Bill Clinton und
Carl Gustaf ihren Frauen künftig treu?
Zieht Prinz Philip aus dem Bucking-
ham-Palast aus?
Wird Willem-Alexander noch dicker?

Diese und andere Fragen werden im nächsten Band geklärt. Oder mindestens aufgeworfen. Verpassen Sie ihn deshalb nicht. Wir bleiben für Sie am Ball. Und berichten alles. Eiskalt.